AF219181

Impressum
Verlag: BABADADA GmbH, Nedderfeld 112 , 22529 Hamburg
Geschäftsführer / Verlagsleitung: Harald Hof
Druck: Books on Demand GmbH, In de Tarpen 42, 22848 Norderstedt

Imprint
Publisher: BABADADA GmbH, Nedderfeld 112 , 22529 Hamburg, Germany
Managing Director / Publishing direction: Harald Hof
Print: Books on Demand GmbH, In de Tarpen 42, 22848 Norderstedt

school

ቤት-ትምህርቲ

klaslokaal
ክፍሊ ክላስ
delen
186/2
bord
ሰሌዳ
speelplaats
ቀጽሪ ቤት-ትምህርቲ
leerkracht
መምህር
papier
ወረቐት
schrijven
pen
መጽሓፊ
bureau
ጣውላ ምጽሓፍ
liniaal
መስመር
boek
መጽሓፍ
leerling
ተመሃራይ

schooltas

ሳንጣ ትምህርቲ

pennenzak

ሰፈር ብርዒ

potlood

ርሳስ

puntenslijper

መብልሒ ርሳስ

gom

መደምሰሲ

tekenblok

ጥራዝ ስእሊ

2 school - ቤት-ትምህርቲ

tekening

ስእሊ

verfborstel

ብርዒ ቀለም

verfdoos

ቦክስ ቀለም

schaar

መቐስ

lijm

መጣበቒ

werkboek

ጥራዝ መላመዲ

huiswerk

ዕዮ ገዛ

nummer

ቁጽሪ

optellen

ወሰኽ

aftrekken

ኅደለ

vermenigvuldigen

ረብሐ

rekenen

ደመረ

letter

ፊደል

alfabet

ስርዓት ፊደላት

woord

ቃል

tekst

....

ጽሑፍ

Lezen

....

ኣንበበ

krijt

....

ኩርሽ

les

....

ሰዓት

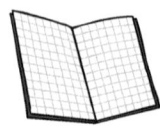

klassenboek

....

መዝገብ ክላስ

examen

....

መርመራ

certificaat

....

ሰርቲፊኬት

schooluniform

....

ድቢዛ ቤትትምህርቲ

onderwijs

....

ትምህርቲ

encyclopedie

....

ለክሲኮን

universiteit

....

ዩኒቨርሲቲ

microscoop

....

ሚክሮስኮፕ

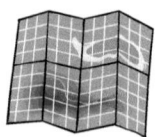

kaart

....

ካርታ

papiermand

....

ጎሓፍ ወረቐት

hotel
jeugdherberg
ሆስተል
wisselkantoor
ቦታ ቅያር ገንዘብ
koffer
ባሊጃ
auto
መኪና

Taal

ቋንቋ

ja / nee

እወ / ኖ

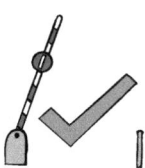

oké

ሕራይ

hallo

ሰላም

vertaler

ኣስተርጓሚ

bedankt

የቐንየለይ

Hoeveel kost …?

. . . ክንደይ ዋግኡ?

Ik begrijp het niet

ኣይተረድኣኹን

probleem

ሽግር

Goedenavond!

ሰላም ምሸት!

Goedemorgen!

ከመይ ሓዲርካ

Goedenavond!

ሰላም ለይቲ

Tot ziens

ደሓን ኩን

richting

ኣንፈት

bagage

ጉዓዝ

zak

ሳንጣ

rugzak

ሳንጣ ሕቑ

gast

ጋሻ

kamer

ክፍሊ

slaapzak

ክሻ መደቀሲ

tent

ቴንዳ

toeristeninformatie

....

ሓበሬታ በጻሕቲ ሃገር

strand

....

ገምገም ባሕሪ

kredietkaart

....

ክረዲት ካርድ

ontbijt

....

ቁርሲ

lunch

....

ምሳሕ

avondeten

....

ድራር

ticket

....

ቲከት

lift

....

ሊፍት

postzegel

....

ማሕተም ደብዳበ

grens

....

ዶብ

douane

....

ድጓና

ambassade

....

ኣምበሲ

visum

....

ቪዛ

paspoort

....

ፓስፖርት

transport

መጓዓዝያ

vliegtuig
ነፋሪት
schip
መርከብ
brandweerwagen
መኪና መጥፍኢ ሓዊ
bus
ኣውቶቡስ
vrachtwagen
ናይ ጽዕነት መኪና
motorboot
ጀልባ ሞቶር
fiets
ብሽግለታ
auto
መኪና

veerboot

ፈሪ

boot

ጀልባ

motor

ሞቶ

politiewagen

መኪና ፖሊስ

racewagen

መኪና ቅድድም

huurauto

ክራይ መኪና

carpoolen

ምውፋይ መካይን

sleepwagen

መወሰዲ መኪና

vuilniswagen

መኪና ጎሓፍ

motor

ሞቶር

benzine

ነዳዲ

benzinestation

እንዳ ነዳዲ

verkeersbord

ምልክት ትራፊክ

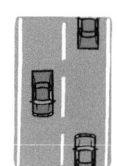

verkeer

ትራፊክ

file

ምጭቕጫቕ ትራፊክ

parkeerplaats

መዐሸጊ መኪና

station

መዕረፊ ባቡር

sporen

ሓዲግ

trein

ባቡር

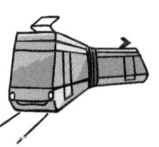

tram

ትረም

wagon

ባጎኒ

helikopter

ሄሊኮፕተር

luchthaven

መዓረፊ ነፈርቲ

toren

ታወር

passagier

ተጐዓዚ

container

ኮንተይነር

karton

ሳንዱቕ ካርቶን

kar

ኮርሳ ጽዕነት

mand

ዘንቢል

opstijgen / landen

ተበገሰ / ዓለበ

stad

ከተማ

dorp

ቍሸት

stadscentrum

ማእከል ከተማ

huis

ገዛ

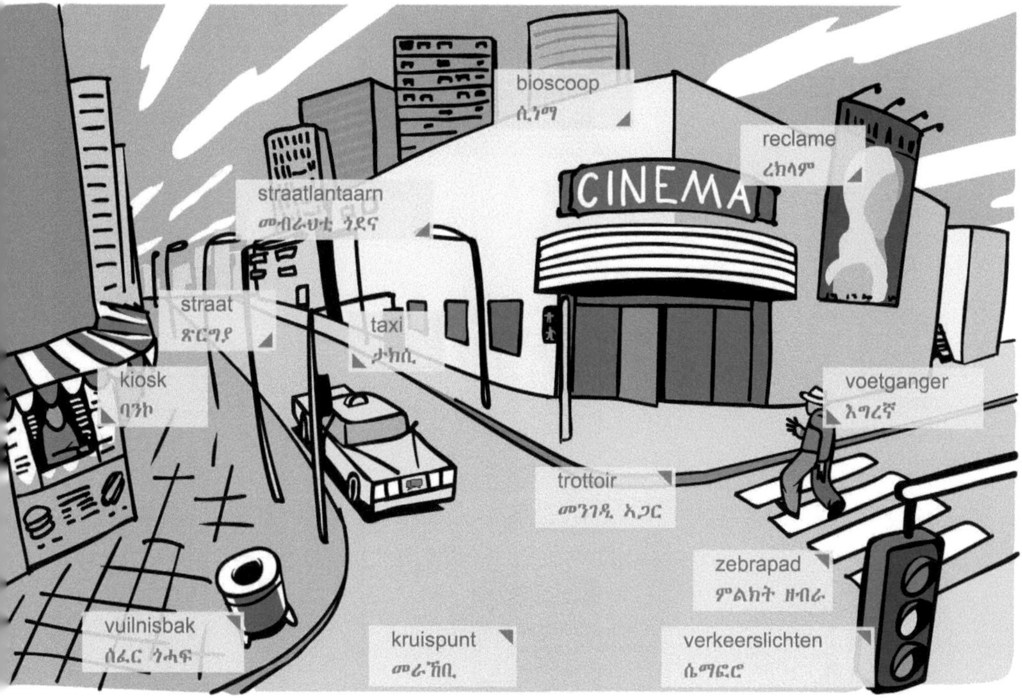

Stad illustration

bioscoop
ሲነማ

reclame
ረክላም

straatlantaarn
መብራህቲ ጎደና

straat
ጽርግያ

taxi
ታክሲ

kiosk
ባንኮ

voetganger
እግረኛ

trottoir
መንገዲ እግሪ

zebrapad
ም ልክት ዘብራ

vuilnisbak
ሰፈር ጓሓፍ

kruispunt
መራኸቢ

verkeerslichten
ሴማፎር

hut
አጉዶ

woning
አፓርትመንት

station
መዕረፊ ባቡር

stadshuis
ቤት ምምሕዳር

museum
ቤተ መዘክር

school
ቤት-ትምህርቲ

universiteit

ዩኒቨርሲቲ

bank

ባንክ

ziekenhuis

ሆስፒታል

hotel

መቐበሊ ኣጋይሽ

apotheek

ቤት መድሃኒት

kantoor

ቤት ጽሕፈት

boekwinkel

ዱኳን መጽሓፍቲ

winkel

ዱኳን

bloemenwinkel

ዱኳን ዕንባባ

supermarkt

ሱፐርማርከት

markt

ዕዳጋ

warenhuis

ሹቕ

vishandelaar

ነጋዳይ ዓሳ

winkelcentrum

ሹቕ

haven

መርሳ

park

መዘናግዒ

bank

ባንኪ

brug

ድልድል

trap

መደያይቦ

metro

ባቡር ትሕቲ ምድሪ

tunnel

ቢንቶ

bushalte

መዕረፊ ኣውቶቡስ

bar

ቤት መስተ

restaurant

ቤት-መግቢ

brievenbus

ሰታሪት

straatnaambord

ታቤላ

parkeermeter

ሰዓት ፓርኪንግ

zoo

መካነ እንስሳታት

zwembad

መሓምበሲ

moskee

መስጊድ

boerderij

ቤት ሕርሻ

milieuverontreiniging

ብከላ

kerkhof

መቓብር

kerk

ቤተክርስትያን

speelplaats

ቦታ ምጽዋት

tempel

ቤት መቕደስ

landschap

ስእሊ መሬት

blad
ኣቝጽልቲ

wegwijzer
መሕበሪ መገዲ

weg
መገዲ

weide
ሸኻ

steen
እምኒ

boom
ኣግራብ

wandelaar
ኮብላሊ

rivier
ፈለግ

gras
ሰዓሪ

bloem
ዕንባባ

vallei

ስንጭሮ

heuvel

ጎቦ

meer

ቀላይ

bos

ዱር

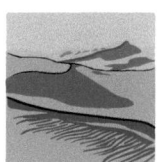

woestijn

ምድረ በዳ

vulkaan

እሳተ-ጎመራ

kasteel

ግምቢ

regenboog

ቀስተ-ደመና

paddenstoel

ቃንጥሻ

palmboom

ዓርኮብኮባይ

mug

ጣንጡ

vlieg

ሃመማ

mier

ጻጸ

bijl

ንህቢ

spin

ሳሬት

kever

ሕንዚዝ

kikker

ዕንቅርዖብ

eekhoorn

ምጽጺላይ

egel

ቅንፍዝ

haas

ማንቲለ

uil

ጉንጓ

vogel

ጭሩ

zwaan

ስዋን

wild zwijn

መፍለስ

hert

ዓጋዘን

eland

ሙስ

dam

ግድብ

windturbine

ተርባይን ንፋስ

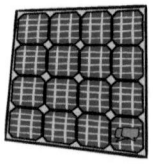

zonnepaneel

ሶላር ስርሓት

klimaat

ኩነታት ኣየር

ober
አሰላፊ

menu
ካርታ
መግብ*ታት*

stoel
መንበር

soep
መረቅ

pizza
ፒትሳ

bestek
መመ*ታተሪ*

tafelkleed
ክዳን ጣውላ

voorgerecht
ቅድመ ቀንዲ መግቢ

hoofdgerecht
ቀንዲ መኣዲ

nagerecht
ድሕረ መግቢ

drankjes
መስተ

eten
መግቢ

fles
ጥርሙዝ

fastfood

ስሉጥ መግቢ

street food

መግቢ ጽርግያ

theepot

ብርጭቆ ሻሂ

suikerpot

ታኒካ ሽኮር

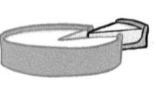

portie

ክፋል

espressomachine

ማሺን ኤስፕረሶ

kinderstoel

ነዊሕ መንበር

rekening

ጸብጻብ

dienblad

ታብለት

mes

ካራ

vork

ፋርከታ

lepel

ማንካ

theelepel

ማንካ ሻሂ

serviette

ሰርቭየተ

glas

ብኬሪ

bord

ሽሓኒ

soepbord

ሽሓኒ መረቕ

schoteltje

ትሕቲ ኩባያ

saus

ጸብሒ

zoutvatje

ወሃቢ ጨው

pepermolen

መጥሓን በርበረ

azijn

ኣቸቶ

olie

ዘይቲ

kruiden

ቀመም

ketchup

ከቹፕ

mosterd

ኣድሪ

mayonaise

ማዩኒዝ

supermarkt
ሱፐርማርክት

aanbieding
ወፈያ
klant
ዓሚል
zuivelproducten
ፍርያታት ጸባ
fruit
ፍረታት
winkelwagen
ሰረገላ ዱኳን

slagerij

እንዳ ስጋ

bakkerij

እንዳ ባኒ

wegen

ክብደት

groenten

ኣሕምልቲ

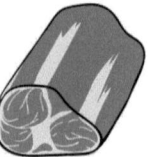

vlees

ስጋ

diepvriesvoedsel

መግቢ ፍሪጅ በረድ

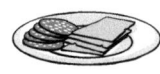

charcuterie

ዝሑል ቅሩብ መግቢ

conserven

እስቃጥላ

waspoeder

ኦሞ

snoep

ምቁር መግቢ

huishoudproducten

ዘቤታውያን ኣቕሑ

schoonmaakproducten

ናውቲ መጸረዩ

verkoopster

ሸቃጣይ

kassa

ካሳ

kassier

ተሓዚ ገንዘብ

boodschappenlijstje

ዝርዝር ምግዛእ

openingstijden

ክፉት ሰዓታት

portefeuille

ማሕፉዳ

kredietkaart

ክረዲት ካርድ

tas

ሳንጣ

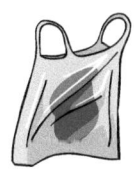

plastieken zakje

ፌስታል

drankjes

መስተ

water

ማይ

sap

ጽማቕ

melk

ጸባ

cola

ኮላ

wijn

ነቢት

bier

ቢራ

alcohol

ኣልኮል

cacao

ካካው

thee

ሻሂ

koffie

ቡን

espresso

ኤስፕረሶ

cappuccino

ካፑቺኖ

banaan

ባናና

appel

ቱፋሕ

sinaasappel

ኣራንሺ

meloen

ብርጭቕ

citroen

ለሚን

wortel

ካሮት

knoflook

ጻዕዳ ሽጉርቲ

bamboe

ባምቡስ

ajuin

ሽጉርቲ

champignon

ቅንጥሻ

noten

ፉል

noodles

ፓስታ

spaghetti

ስፓገቲ

rijst

ሩዝ

salade

ሰላጣ

frieten

ቅልዋ ድንሽ

gebakken aardappelen

ቅሉው ድንሽ

pizza

ፒትሳ

hamburger

ሃምቡርገር

sandwich

ፓኒኖ

kalfslapje

ቢስተካ

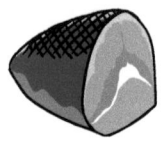

ham

ስለፍ ሓሰማ

salami

ሳላሚ

worst

ግዕዝም

kip

ደርሆ

braden

ቀለወ

vis

ዓሳ

havervlokken

ገዓት

muesli

ሙስሊ

cornflakes

ኮርንፍለይክስ

bloem

ሓርጭ

croissant

ክሮሶን

pistolet

ባኒ

brood

ባኒ

toast

ቶስት

koekjes

ብሽኮቲ

boter

ጠስሚ

kwark

ርግኦ

taart

ፓስተ

ei

እንቋቑሖ

spiegelei

ቅሉው እንቋቑሖ

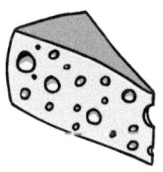

kaas

ፉርማጅ

ijs

አይስ ክሪም

suiker

ሽኮር

honing

መዓር

confituur

ጀም

choco

ኑጋት-ክረም

curry

ኩሪ

boerderij
ቤት ሕርሻ

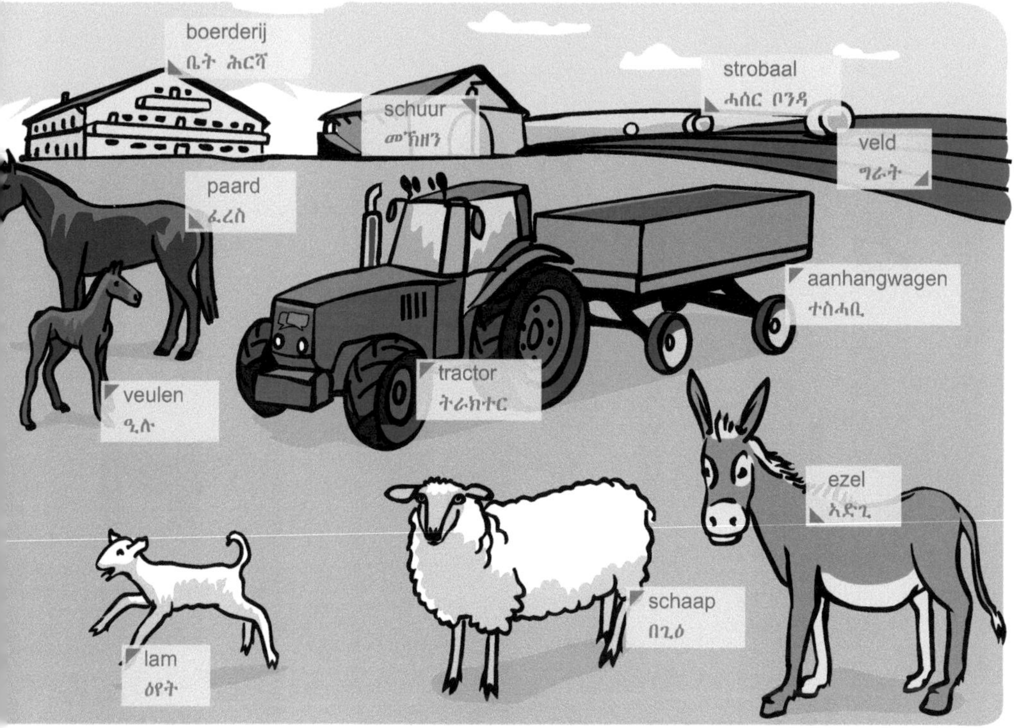
boerderij
ቤት ሕርሻ
schuur
መኽዘን
strobaal
ሓሰር ቦንዳ
veld
ግራት
paard
ፈረስ
aanhangwagen
ተስሓቢ
tractor
ትራክተር
veulen
ዒሉ
ezel
ኣድጊ
schaap
በጊዕ
lam
ዕየት

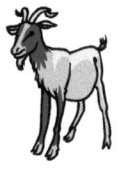

geit

ጤል

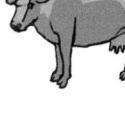

koe

ብዕራይ

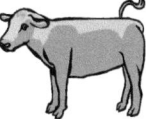

kalf

ምራኽ

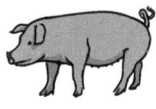

varken

ሓሰማ

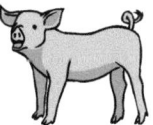

biggetje

ውላድ ሓሰማ

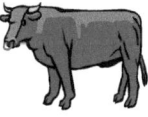

stier

ኣርሓ

gans

ዓዓ

eend

ማይ ደርሆ

kuiken

ጫቑት

kip

ደርሆ

haan

ኣርሓ ደርሆ

rat

ኣንጨዋ ዓባይ

kat

ድሙ

muis

ኣንጭዋ

os

ብዕራይ

hond

ከልቢ

hondenhok

ኣጉዶ ከልቢ

tuinslang

ቱባ ጀርዲን

gieter

መዝፈፊ ማይ

zeis

ዓቢ ማዕጺድ

ploeg

ማሕረሻ

sikkel

ማዕጺድ

schoffel

ጭኽሮ

hooivork

መስአ

bijl

ፋስ

kruiwagen

ዓረብያ ኢድ

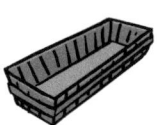

trog

ጋብላ

melkkan

ብርጭቆ ጻባ

zak

ከሻ

hek

ሓጹር

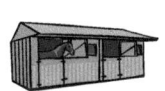

stal

መንሰስ

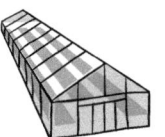

broeikas

ቐጠልያ ገዛ

bodem

ባይታ

zaad

ዘርኢ

mest

ድኹዒ

maaidorser

ዘጣምር ቀውዓይ

oogsten

ቀውዒ

oogst

ጻማ

yam

ድንሽ ያም

tarwe

ስርናይ

soja

ሶያ

aardappel

ድንሽ

maïs

ዕፉን

koolzaad

ራፕስ

fruitboom

ገረብ ፍረታት

maniok

ማኒኦክ

graan

ኣእኽል

huis

ገዛ

schoorsteen
dak
ናሕሲ
regenpijp
መውሓዝ ዝናብ
raam
መስኮት
garage
ጋራጅ
deurbel
መበሊት
deur
ማዕጾ
vuilnisbak
ጎሓፍ መገለል
brievenbus
ቦክስ ደብዳበ
tuin
ጀርዲን

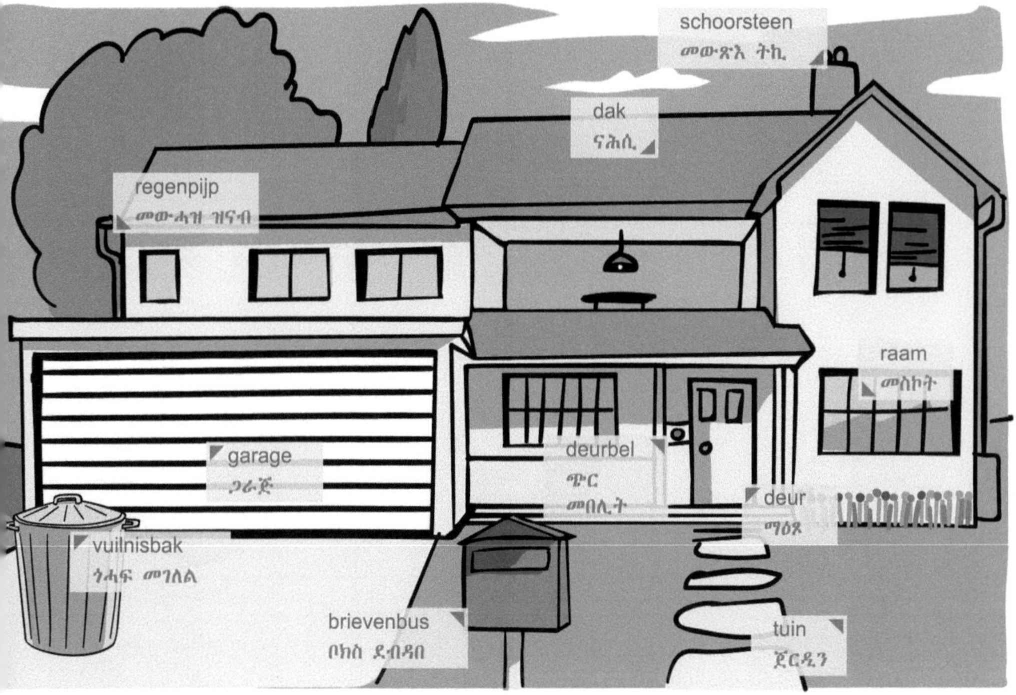

woonkamer

ክፍሊ ምቕማጥ

badkamer

ክፍሊ ባንዮ

keuken

ክሽነ

slaapkamer

ክፍሊ መደቀሲ

kinderkamer

ክፍሊ ቆልዑ

eetkamer

መመገቢ ክፍሊ

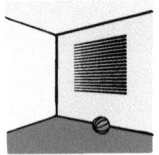

vloer

ባይታ

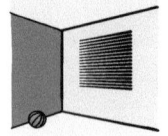

muur

መንደቕ

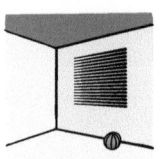

plafond

ከቦርታ

kelder

ካንቲና

sauna

ሳውና

balkon

ባልኮን

terras

ዛላ

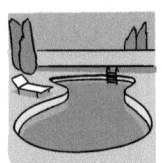

zwembad

መሕምበሲ

grasmaaier

መቑረጺ ሳዕሪ

dekbedovertrek

ኣንሶላ ዓራት

dekbed

ከቦርታ ዓራት

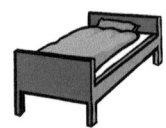

bed

ዓራት

bezem

መኾስተር

emmer

መገለል

schakelaar

መወልዒት

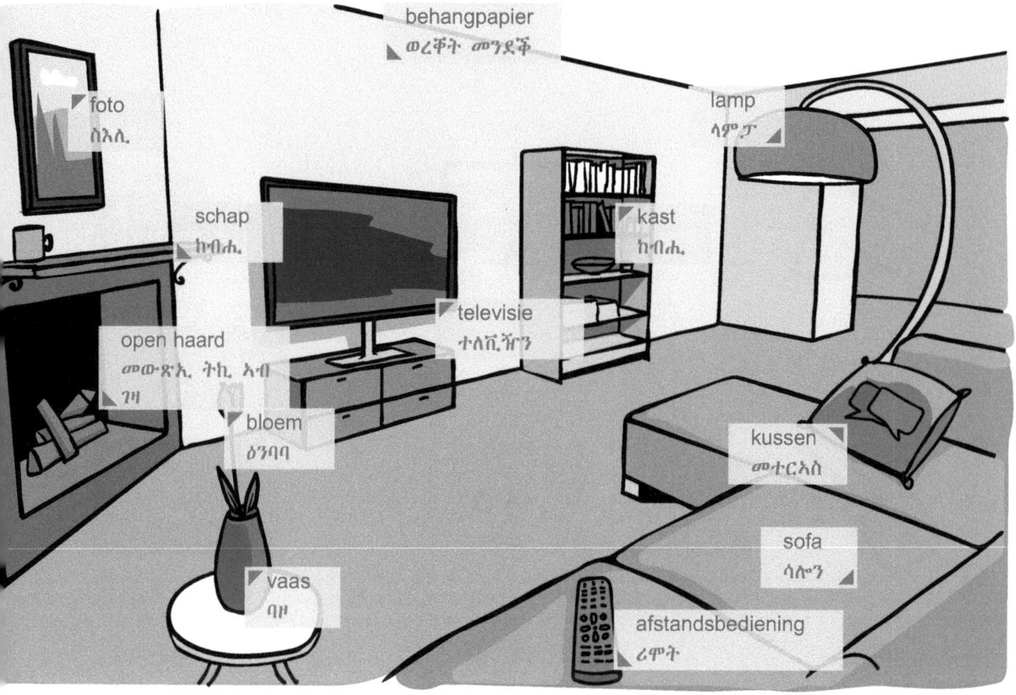

behangpapier
ወረቐት መንደቕ

foto
ስእሊ

lamp
ላምፓ

schap
ከብሒ

kast
ከብሒ

open haard
መውጽኢ ትኪ ኣብ
ገዛ

televisie
ተለቪዥን

bloem
ዕንባባ

kussen
መተርኣስ

sofa
ሳሎን

vaas
ባዙ

afstandsbediening
ሪሞት

mat
መንጸፍ

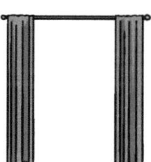

gordijn
መጋረጃ

tafel
ጣውላ

stoel
መንበር

schommelstoel
ስለል ዝብል መንበር

fauteuil
መንበር ምቹእ

boek

መጽሓፍ

deken

ከቦርታ

decoratie

ስልማት

brandhout

እንጨይቲ ሓዊ

film

ፊልም

stereo-installatie

ስተረዮ

sleutel

መፍትሕ

krant

ጋዜጣ

schilderij

ቕብኣ

poster

ፖስተር

radio

ረድዮ

notitieboekje

ጥራዝ

stofzuiger

መልገሲ ደሮና

cactus

በለስ

kaars

ሽምዓ

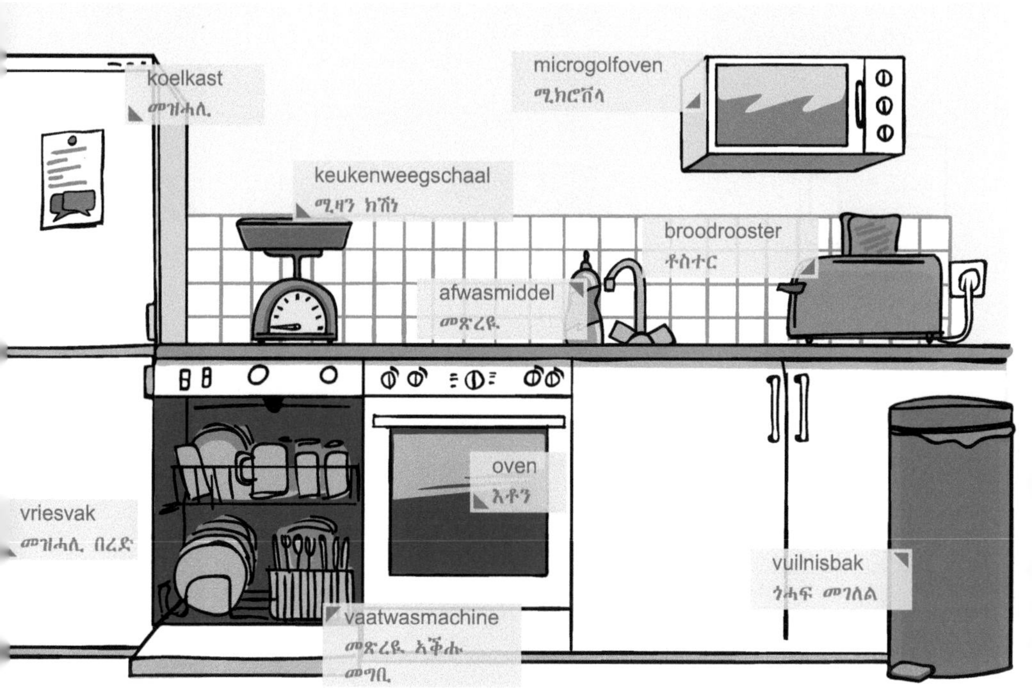

koelkast
መዝሓሊ.

microgolfoven
ሚክሮቭላ

keukenweegschaal
ሚዛን ክሽን

broodrooster
ቶስተር

afwasmiddel
መጽረዪ.

vriesvak
መዝሓሊ. በረድ

oven
እቶን

vuilnisbak
ጎሓፍ መገለል

vaatwasmachine
መጽረዪ. እቕሑ
መግቢ

fornuis

መኽሸኒ

pot

ድስቲ

giotijzeren pot

ድስቲ ሓጺን

wok / kadai

ቆክ/ካዳይ

pan

ባደላ

waterkoker

መውዓዪ ማይ

stoomkoker

መፍልሒ

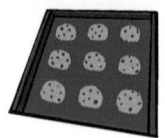

bakplaat

ጓንቴራ ምስንካት

servies

ኣቕሑ መግቢ

mok

ብርጭቆ

kom

ጭሓሎ

eetstokjes

ማንካቺና

pollepel

ማንካ መረቕ

spatel

መገልበጢ ባደላ

garde

መኾስተር ውርጪ

vergiet

መንፊት መግቢ

zeef

መንፊት

rasp

መፋሕፍሒ

mortier

ሞርታር

barbecue

ባርቢክዩ

haardvuur

ስፍራ ሓዊ

snijplank

እንጨይቲ ምምታር

deegrol

እንጨይቲ ኰረር

kurkentrekker

መኽፈት ቡሽ

blik

ታኒካ

blikopener

መኽፈቲ ታኒካ

pannenlap

ጨርቂ ድስቲ

gootsteen

ቡምባ

borstel

ኣስባስላ

spons

ሰፍነግ

blender

ሓዋሲ ኣደባላቒ

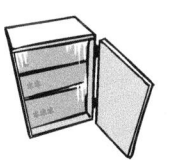

vriezer

መዝሓሊ በረድ

papfles

ጥርሙዝ ማማይ

kraan

ቡምባ ማይ

badkamer

ክፍሊ ባንዮ

douche
መሕጸቢ ሻወር
verwarming
መውዓዪ
handdoek
douchegordijn
ሻወር መጋረጃ
bubbelbad
መሕጸቢ ዓፍራ
badkuip
glas
ብኬሪ
wasmachine
ሓጻቢት
kraan
ቡምባ ማይ
tegels
ማቶነላ
kinderpo
ድስቲ
gootsteen
ቡምባ

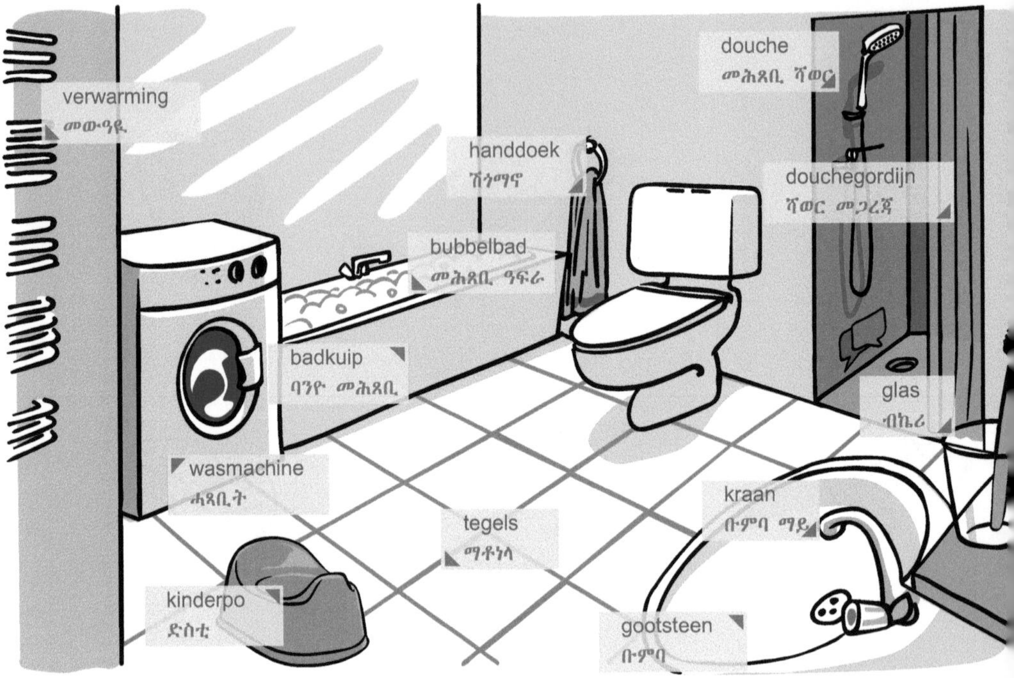

toilet

ሽቓቕ

hurktoilet

ሽቓቕ ኮፍ

bidet

በዱ

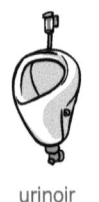

urinoir

ሽቃቕ ተባዕታይ

toiletpapier

ወረቐት ሽቓቕ

toiletborstel

ኣስባስላ ሽቓቕ

tandenborstel

ኣስባስላ ስኒ

tandpasta

ክረማ ስኒ

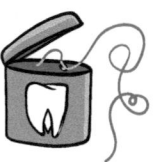

flosdraad

ሃሪ ስኒ

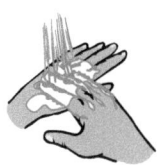

wassen

ሓጸበ

handdouche

ዱሽ ኢድ

bidethanddouche

ዱሽ

waskom

ብርጭቆ ምሕጻብ

rugborstel

ኣስባስላ ሕቖ

zeep

ሳምና

douchegel

ሻወር ጀል

shampoo

ሻምፑ

washandje

ጨርቂ መሕጸቢ

afvoer

መውሓዚ

crème

ክረማ

deodorant

ደዮ ጨና

spiegel

መስትያት

handspiegel

ናይ ኢድ መስትያት

scheermes

መላጸ

scheerschuim

ዓፍራ ምልጻይ

aftershave

ጨና ድሕሪ ምልጻይ

kam

መመሸጥ

borstel

ኣስባስላ

haardroger

መንቐጺ ጸጉሪ

haarlak

ስፕረይ ጸጉሪ

make-up

መመላኽዒ

lippenstift

ብርዒ ቀለም ከንፈር

nagellak

ኣዝማልቶ

watten

ጸምሪ ጡጥ

nagelknipper

መስደዲ ጽፍሪ

parfum

ጨና

toilettas

ሳንጣ መሕጸቢ

kruk

ድኳ

weegschaal

ሚዛን

badjas

ክዳን መሕጸቢ

latex handschoenen

ጓንቲ መጸረዪ

tampon

ታምፖን

maandverband

ጨርቂ ሰበይቲ

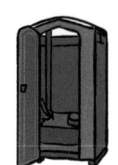

chemisch toilet

ሽቓቕ ከሚስትሪ

kinderkamer

ክፍሊ ቆልዑ

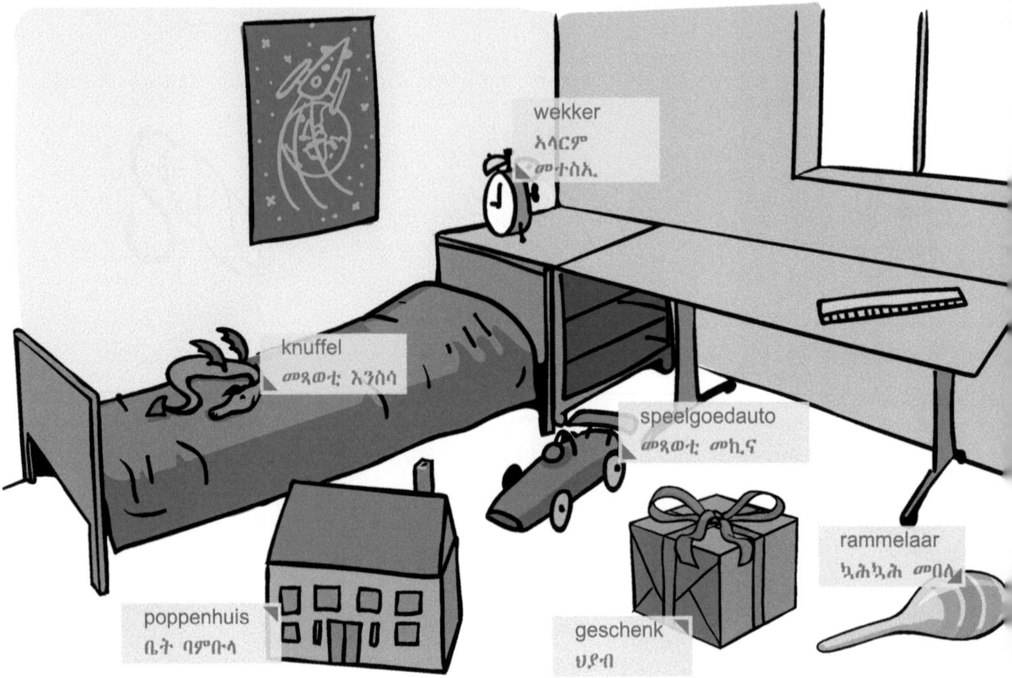

wekker
ኣላርም መተስኢ
knuffel
መጻወቲ እንስሳ
speelgoedauto
መጻወቲ መኪና
rammelaar
ኳሕኳሕ መበሊ
poppenhuis
ቤት ባምቡላ
geschenk
ህያብ

ballon

ባላንችና

bed

ዓራት

kinderwagen

ሰረገላ ህጻን

spel kaarten

ጸወታ ካርታ

puzzel

ሕንቅሊተይ

stripboek

ኮሜዲ

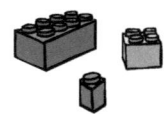

legoblokjes

እምንታት መጻወቲ ለጎ

blokken

መጻወቲ እምንታት

actiefiguur

በዓል አክቸን

kruippakje

ክዳን ማማይ

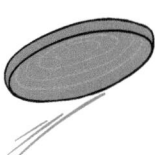

frisbee

ፍሪስቢ

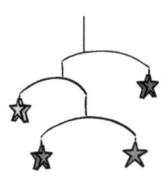

mobiel

ሞባይል ማማይ

bordspel

ጸወታ ሰሌዳ

dobbelsteen

ኩቦ

modelspoorweg

ሞደል ባቡር ምድሪ

fopspeen

ዓባስ

feest

ፓርቲ

prentenboek

መጽሓፍ ስእሊ

bal

ኩዕሶ

pop

ባምቡላ

spelen

ተጻወተ

zandbak

መጻወቲ ሑጻ

schommel

ሰላል

speelgoed

መጻወቲታት

spelconsole

ኮንሶል ቪድዮ

driewieler

መጻወቲ ሰለስተ መንኮርኮር

knuffelbeer

ተዲ

kleerkast

ክብሒ ክዳን

kleding

ክዳን

sokken

ካልስታት

kousen

ነዊሕ ካልስታት

maillot

ስረ ካልሲ

sjaal
ሻርባ
paraplu
ጽላል
T-shirt
ማልያ
riem
ቁልፊ
laarzen
ረፋዕ
slippers
ጫማ ገዛ
sneakers
ስኒከርስ

sandalen

ሸበጥ

schoenen

ጫማ

rubberlaarzen

ረፋዕ ጎማ

onderbroek

ሙታንታ

beha

ክዳን ጡብ

onderhemd

ትሕቲ ካሚቻ

lichaam
....
ቦዲ

broek
....
ስረ

jeans
....
ጂንስ

rok
....
ቀምሽ

blouse
....
ካምቻ

hemd
....
ካሚቻ

trui
....
ጉልፎ

capuchontrui
....
ጎልፎ

blazer
....
ጃኬት

jas
....
ጃከት

jas
....
ጁባ

regenjas
....
ክዳን ዝናብ

kostuum
....
ኮስቱም

jurk
....
ቀምሽ

trouwjurk
....
ቀምሽ መርዓ

pak

ልብሲ

nachthemd

ካሚቻ ለይቲ

pyjama

ክዳን ለይቲ

sari

ሳሪ

hoofddoek

መሃረብ ርእሲ

tulband

ቱርባን

boerka

ቡርካ

kaftan

ካፍታን

abaya

ኣባያ

badpak

ክዳን መሕምበሲ

zwembroek

ስረ መሕምበሲ

short

ሓጺር ስረ

trainingspak

ክዳን ታዕሊም

schort

በጃ ክዳን

handschoenen

ጓንቲ

knoop

መልጎም

bril

መነጽር

armband

በንናጅር

ketting

ማዕተብ

ring

ቀለበት

oorbel

ኩትሻ

pet

ቆብዕ

kapstok

መንበሪ ጁባ

hoed

ባርነጣ

das

ካርራቫት

rits

ሻርነጣ

helm

ሀልመት

bretellen

መድልደል ስረ

schooluniform

ድቢዛ ቤትትምህርቲ

uniform

ድቢዛ

slabbetje

ሰደርያ ቆልዓ

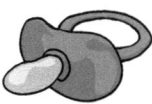

fopspeen

ዓባስ

luier

ጨርቂ ማማይ

kantoor

ቤት ጽሕፈት

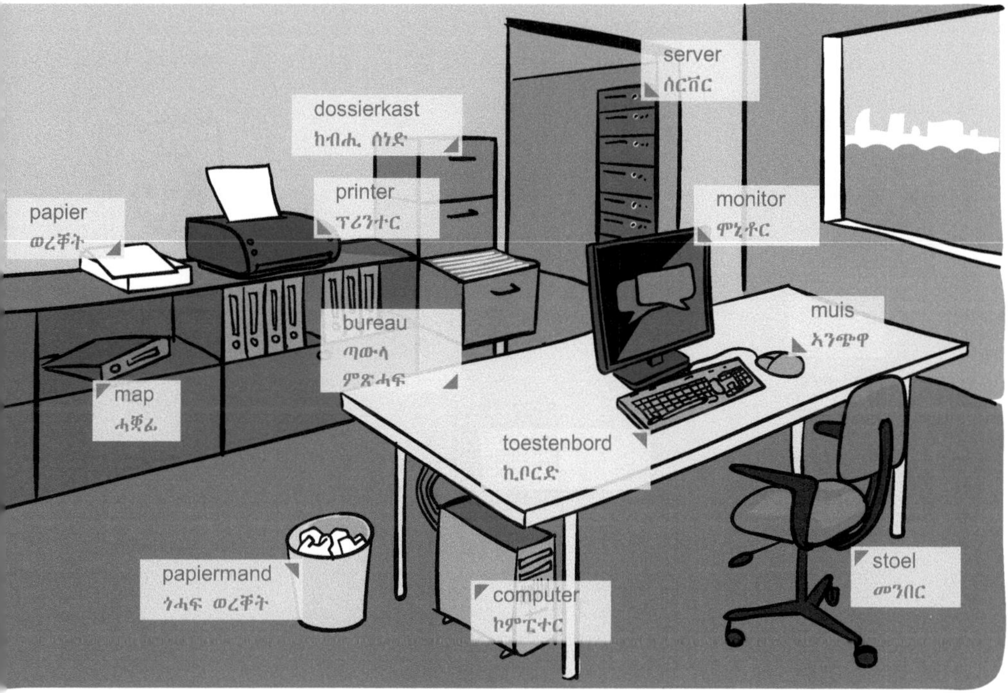

server
ሰርቨር
dossierkast
ከብሒ ሰነድ
printer
ፕሪንተር
papier
ወረቐት
monitor
muis
እንጭዋ
bureau
ጣውላ ምጽሓፍ
map
toestenbord
ኪቦርድ
papiermand
ጎሓፍ ወረቐት
computer
stoel
መንበር

koffiemok

ብርጭቆ ቡን

rekenmachine

ካልኩለተር

internet

ኢንተርነት

laptop

ለፕቶፕ

brief

ደብዳበ

bericht

መልእኽቲ

gsm

ሞባይል

netwerk

ነትወርክ/መርበብ

kopieerapparaat

መቅድሒ ፎቶኮፒ

software

ሶፍትዌር

telefoon

ተለፎን

stopcontact

ሶከት ኳረንቲ

fax

ፋክስ

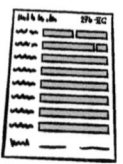

formulier

ፎርም

document

ሰነድ

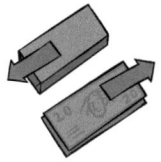

kopen

ገዝአ

betalen

ከፈለ

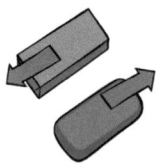

handelen

ንግዲ

geld

ገንዘብ

dollar

ዶላር

euro

ኦይሮ

yen

የን

roebel

ሩብል

Zwitserse frank

ስዊዝ ፍራንክን

Chinese renminbi

ረንሚንቢ ዩዋን

roepie

ሩፒየ

geldautomaat

መውጽኢ ማሺን ገንዘብ

wisselkantoor

ቦታ ቅያር ገንዘብ

goud

ወርቂ

zilver

ብሩር

olie

ዘይቲ

energie

ሓይሊ

prijs

ዋጋ

contract

ውዕል

belasting

ቀረጽ

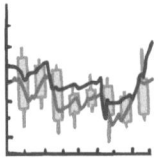

aandeel

እኩብ ጥረ-ነገራት

werken

ሰርሐ

werknemer

ሰራሕተኛ

werkgever

ኣስራሒ

fabriek

ትካል

winkel

ዱኳን

politieagent
በዓል ፖሊስ

brandweerman
መጠፊኢ ሓዊ

kok
ከሻኒ

dokter
ሓኪም

piloot
መራሒ ነፋሪት

tuinman

ሰራሕተኛ ጆርዲን

timmerman

ጸራቢ ዕንጸይቲ

naaister

ሰፋይት

rechter

ፈራዳይ

chemicus

ቀማሚ

acteur

ተዋሳኢ

buschauffeur

መራሒ አዉቶቡስ

taxichauffeur

አውቲስታ ታክሲ

visser

ገፋፊ ዓሳ

schoonmaakster

ጸራጊት

dakdekker

ሃናጺ ናሕሲ

ober

አሰላፊ

jager

ሃዳናይ

schilder

ሰኣላይ

bakker

እንዳ ሕብስቲ

elektricien

ኤለትሪከኛ

bouwvakker

ሃናጺ አባይቲ

ingenieur

ሃንዳሲ

slager

ሰራሕተኛ እንዳ ስጋ

loodgieter

ድራብሊኮ

postbode

አማላላሲ ፖስጣ

soldaat

ወተሃደር

architect

መሃንድስ

kassier

ተሓዝ ገንዘብ

bloemist

ሰራሕተኛ ዕምባባ

kapper

ቀምቃማይ

conducteur

ፈተሪኖ

mecanicien

መካኒክ

kapitein

መራሒ መርከብ

tandarts

ሓኪም ስኒ

wetenschapper

ተመራማሪ

rabbijn

ራቢ

imam

ኢማም

monnik

ፈላሲ

geestelijke

ቀሺ

werktuigen
ናውቲ

tang
ጉጤት
hamer
ሞደሻ
schroevendraaier
zaklamp
ላምፓዲና
schroefsleutel
መፋትሕ

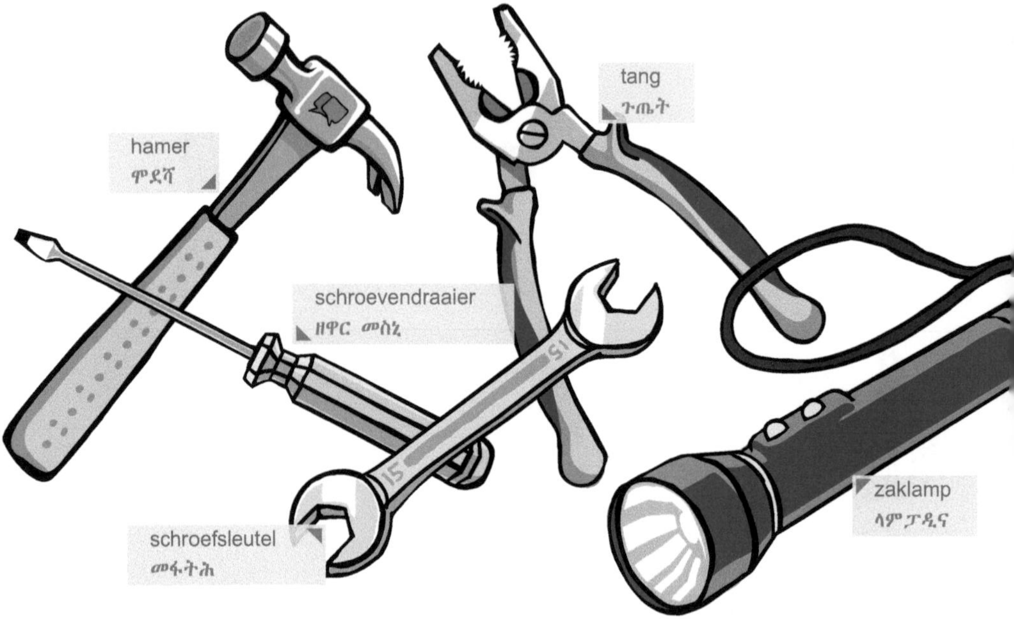

graafmachine

ፈሓሪ

gereedschapskoffer

ናውቲ ቦክስ

ladder

መደያይቦ

zaag

መጋዝ

spijkers

መስማር

boormachine

ኰዓቲ

repareren

ምዕራይ

schop

ባደላ

Verdomme!

አይ!

blik

መትሓዚ ዶሮና

verfpot

ድስቲ ቀለም

schroeven

ካቻቢተ

muziekinstrumenten

መሳርሒ ሙዚቃ

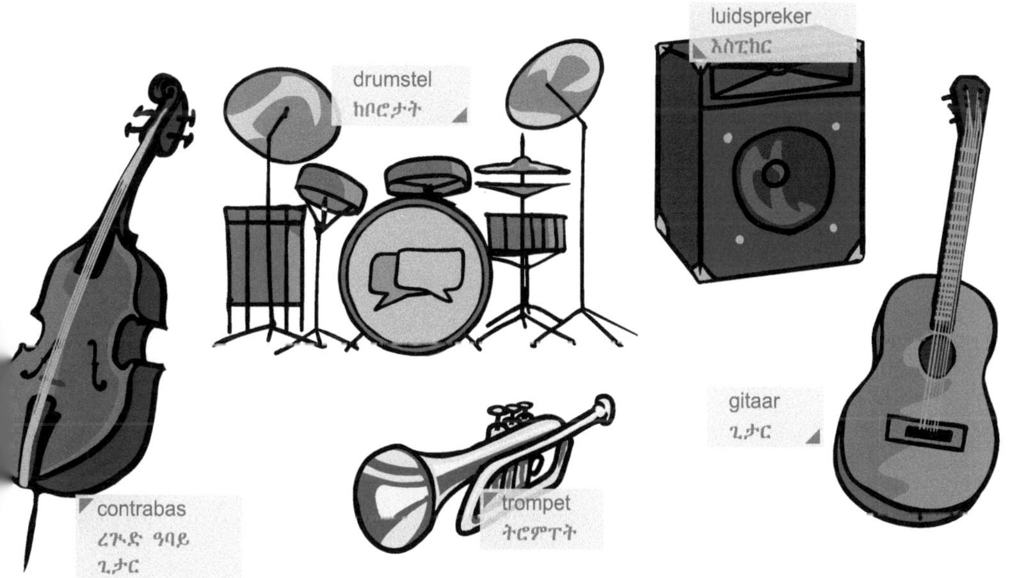

drumstel
ከቦታት

luidspreker
እስፒከር

gitaar
ጊታር

contrabas
ረጉድ ዓባይ
ጊታር

trompet
ትሮምፐት

piano

ፒያኖ

viool

ቪዮሊን

basgitaar

ባስ ጊታር

pauk

ቲምንኢ

trommels

ከቦሮ

keyboard

ኦርጋን

saxofoon

ሳክሶፎን

fluit

ሻምብቆ

microfoon

ሚክሮፎን

ZOO

መካነ እንስሳታት

ingang
መእተዊ
tijger
kooi
ጎብያ
zebra
ኣድጊ በረኻ
diereneten
መግቢ እንስሳ
panda
ፓንዳ

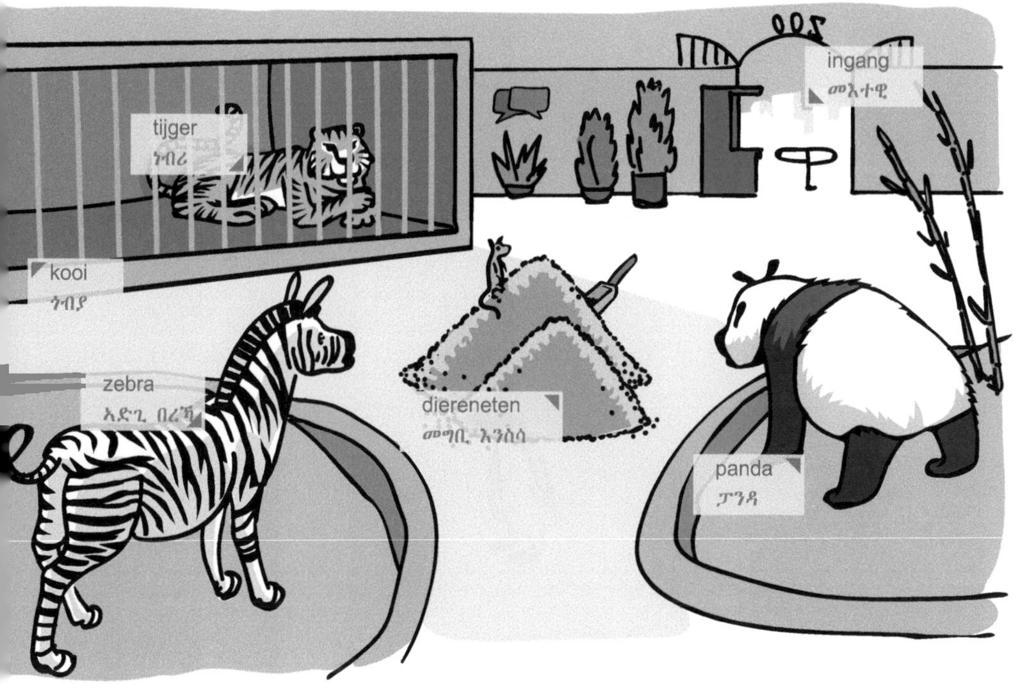

dieren

እንስሳታት

olifant

ሓርማዝ

kangoeroe

ካንጋሩ

neushoorn

ሓሪሽ

gorilla

ጉሪላ

beer

ድቢ

kameel

ገመል

struisvogel

ሰገን

leeuw

ኣንበሳ

aap

ህበይ

flamingo

ፍላሚንጎ

papegaai

ሕንጻይ

ijsbeer

ድቢ በረድ

pinguïn

ፒንጉን

haai

ከልቢ ዓሳ

pauw

ጣውስ

slang

ተመን

krokodil

ሓርገጽ

dierenverzorger

ሓላዊ ቤት ገርድሽ

zeehond

ዓሳ ዚምገብ እንስሳ ባሕሪ

jaguar

ጃጓር

pony

ሓጺር ፈረስ

luipaard

ነብሪ

nijlpaard

ጉማረ

giraffe

ጂራፍ

adelaar

ሊሳ

wild zwijn

መፍለስ

vis

ዓሳ

zeeschildpad

ጎብየ

walrus

ዋልሩስ

vos

ወኻርያ

gazelle

ሰስሓ

sporten

ስፖርት

rugby
ናይ ኣሜሪካ ኩዕሶ እግሪ
wielrennen
ምዝዋር ብሽግለታ
tennis
ተኒስ
basketbal
ባስከትባል
zwemmen
ምሕምባስ
boksen
ቦክሲንግ
ijshockey
ሆኪ በረድ

voetbal

ኩዕሶ እግሪ

badminton

ባድሚንቶን

atletiek

እስፖርታዊ ንጥፈታት

handbal

ኩዕሶ ኢድ

skiën

ስኪ

polo

ፖሎ

activiteiten

ንጥፈታት

lachen
ሰሓቐ
springen
ነጠረ
knuffelen
wandelen
ከደ
zingen
ደረፈ
dromen
ሓለመ
bidden
ጸለየ
kussen
ሰዓመ

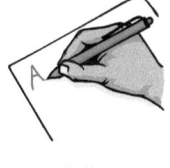

schrijven

ጸሓፈ

tekenen

ሰኣለ

tonen

ኣርኣየ

duwen

ደፍአ

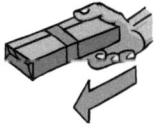

geven

ሃበ

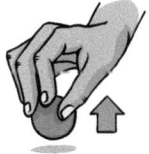

nemen

ወሰደ

hebben

አለወ

doen

ገበረ

zijn

ኮነ

staan

ጠጠው በለ

lopen

ጎየየ

trekken

ሰሓበ

gooien

ሰንደወ

vallen

ወደቐ

liggen

ሓሰወ

wachten

ተጸበየ

dragen

ሰከም

zitten

ኮፍ በለ

aankleden

ተኸድነ

slapen

ደቀሰ

ontwaken

ተስአ

kijken naar

....

ረአየ

wenen

....

በኸየ

aaien

....

ብኣጻብዑ ደረዘ

kammen

....

መሸጠ

praten

....

ተዛረበ

begrijpen

....

ተረድአ

vragen

....

ሓተተ

luisteren

....

ሰምዐ

drinken

....

ሰተየ

eten

....

በልዐ

opruimen

....

ኣቐመጠ

houden van

....

ኣፍቀረ

koken

....

ከሸነ

rijden

....

ዘወረ

vliegen

....

ነፈረ

zeilen

ብመርከብ ገየሸ

rekenen

ደመረ

Lezen

ኣንበበ

leren

ተመሃረ

werken

ሰርሐ

trouwen

መርዓወ

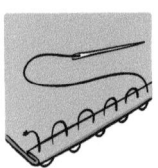

naaien

ሰፊየ

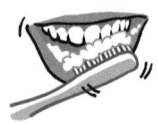

tandenpoetsen

ጽሬት ኣስናን

doden

ቀተለ

roken

ሽጋራ ተከኸ

sturen

ሰደደ

familie
ስድራቤት

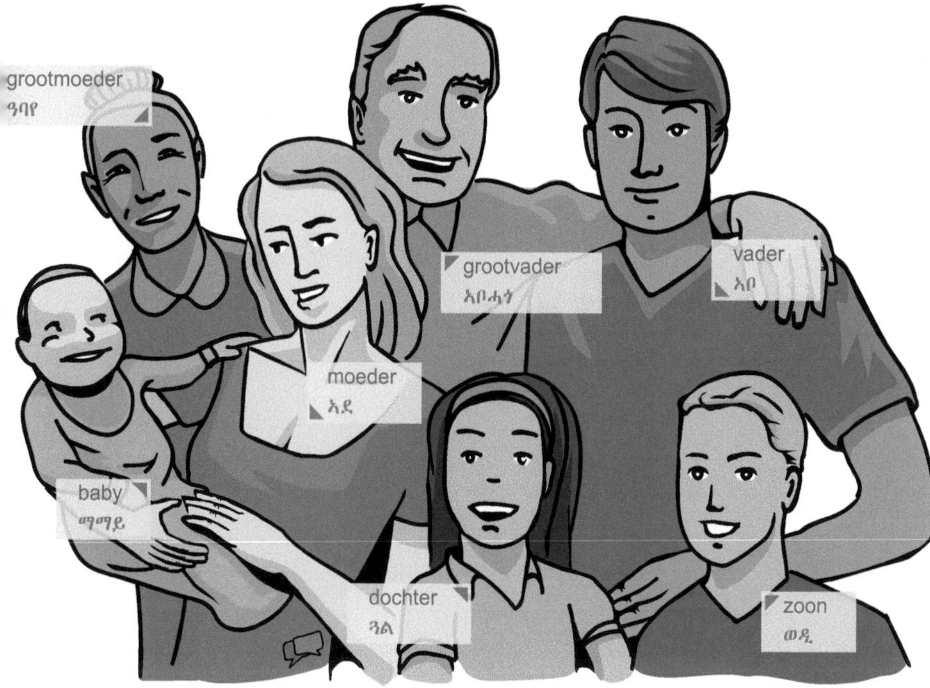
grootmoeder
ዓባየ
grootvader
ኣቦሓጎ
vader
ኣቦ
moeder
ኣደ
baby
ማማይ
dochter
ጓል
zoon
ወዲ

gast
....
ጋሻ

tante
....
ሓትኖ

oom
....
ኣኮ

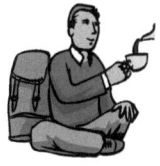

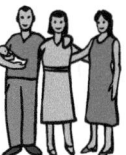

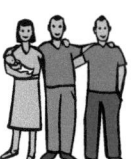

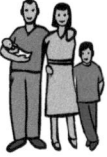

broer
....
ሓው

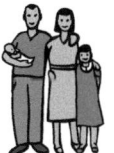

zus
....
ሓፍቲ

lichaam

ኣካላት

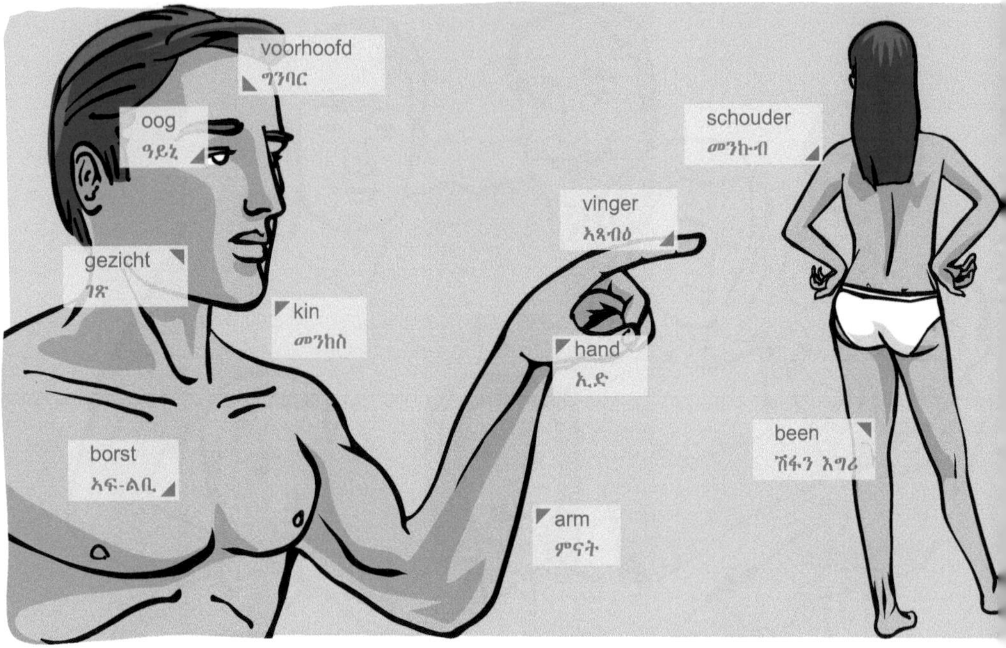

voorhoofd
ግንባር
oog
ዓይኒ
schouder
vinger
ኣጻብዕ
gezicht
ገጽ
kin
መንከስ
hand
ኢድ
been
ሸፋን እግሪ
borst
ኣፍ-ልቢ
arm
ምናት

baby

ማማይ

man

ሰብኣይ

vrouw

ሰበይቲ

meisje

ጓል

jongen

ወዲ

hoofd

ርእሲ

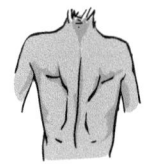

rug

ሕቖ

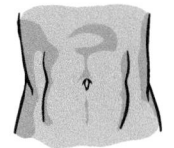

buik

ከስዐ

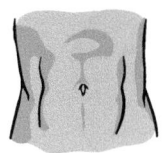

navel

ሕምብርቲ

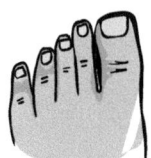

teen

ኣጻብዕ እግሪ

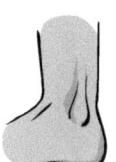

hiel

ኩርኹረ

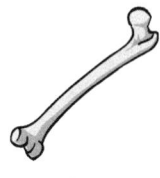

bot

ዓጽሚ

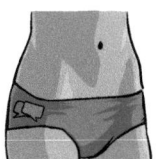

heup

ምሕኩልቲ

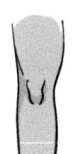

knie

ብርኪ

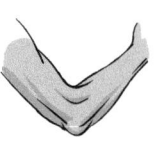

elleboog

ፍግፍጎ

neus

ኣፍንጫ

zitvlak

መዓኮር

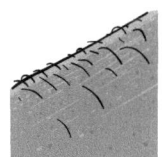

huid

ቆርበት

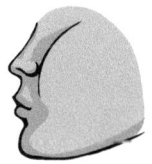

wang

ምዕጉርቲ

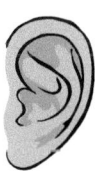

oor

እዝኒ

lip

ከንፈር

mond

አፍ

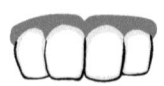

tand

ስኒ

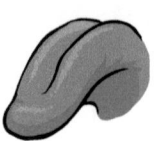

tong

መልሓስ

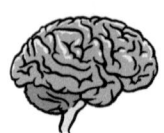

hersenen

ሓንጎል

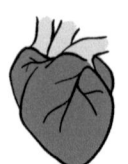

hart

ልቢ

spier

ጭዋዳ

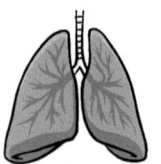

long

ሳንቡእ

lever

ጸላም ከብዲ

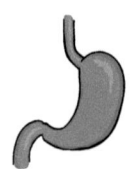

maag

ከብዲ

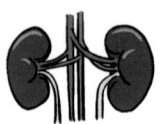

nieren

ኩሊት

seks

ግብረ ስጋ

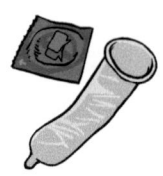

condoom

ኮንዶም

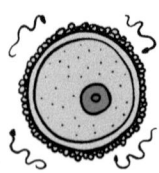

eicel

እንቋቝሖ

sperma

ዘርኢ ተባዕታይ

zwangerschap

ጥንሲ

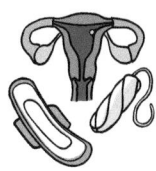

menstruatie

ጽግያት

vagina

ርሕሚ

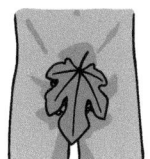

penis

መትሎ

wenkbrauw

ሸፋሽፍቲ

haar

ጸጉሪ

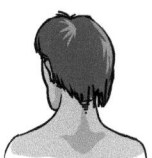

nek

ክሳድ

ziekenhuis

ሆስፒታል

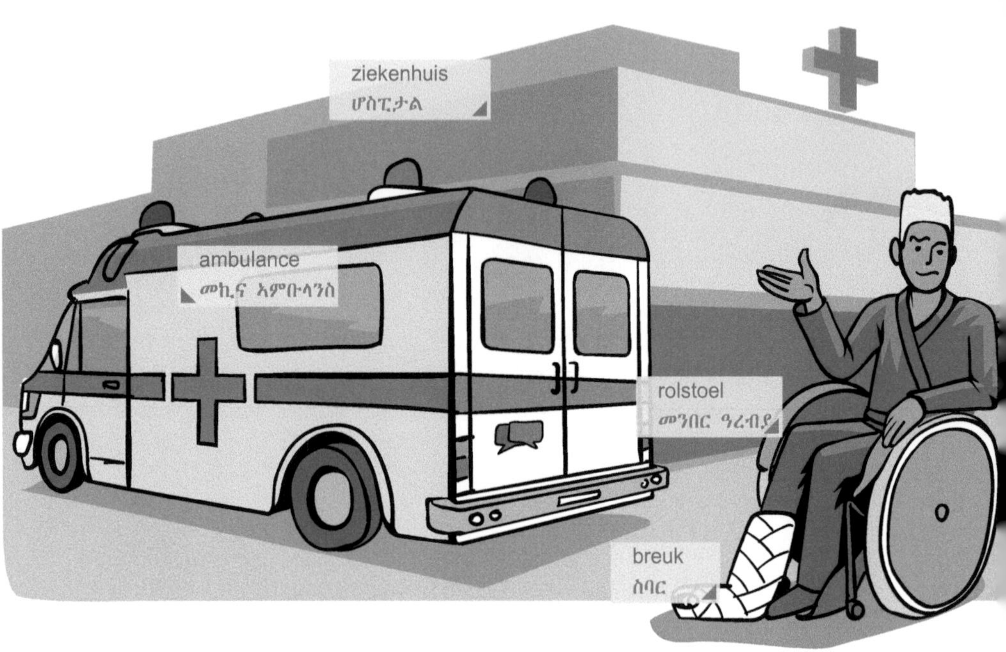

ambulance
መኪና ኣምቡላንስ
rolstoel
መንበር ዓረብያ
breuk
ስባር

dokter

ሓኪም

spoed

ክፍሊ ህጹጽ ረድኤት

verpleegkundige

ኣላይት

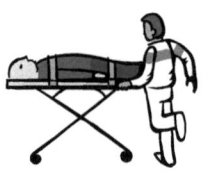

noodgeval

ህጹጽ ኩነት

bewusteloos

ውነኡ ዘጥፍአ

pijn

ቃንዛ

verwonding

ጉድኣት

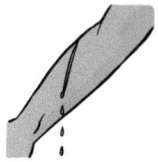

bloeding

ደም

hartaanval

ማህረምቲ

beroerte

ማህረምቲ

allergie

ኣለርጂ

hoest

ሰዓል

koorts

ረስኒ

griep

ኢንፍልወንዛ

diarree

ውጽኣት

hoofdpijn

ቃንዛ ርእሲ

kanker

መንሽሮ

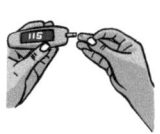

diabetes

ሽኮርያ

chirurg

ሓኪም መጥባሕቲ

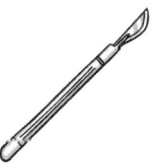

scalpel

መጥብሒ

operatie

መጥባሕቲ

CT

CT

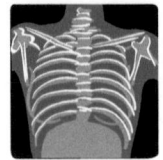

röntgenstraal

ራጂ

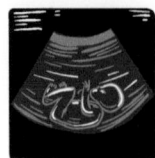

ultrageluid

ልዕለ ድምጻዊ

gezichtsmasker

መሸፈኒ ገጽ

ziekte

ሕማም

wachtkamer

ክፍሊ ምጽባይ

kruk

ምርኩስ

pleister

መጀነኒ ቁስሊ

verband

መጀነኒ

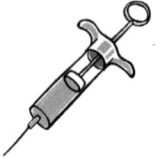

injectie

መርፍዕ ምውጋእ

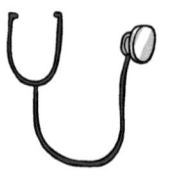

stethoscoop

ስተቶስኮፕ

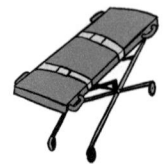

brancard

መሰከሚ ሕማም

thermometer

ቴርሞመተር

geboorte

ትውልዲ

overgewicht

ልዕለ-ሚዛን

hoorapparaat

ሓገዝ ምስማዕ

ontsmettingsmiddel

ኣንጻሂ

infectie

ለበዳ

virus

ቫይረስ

HIV / AIDS

ኤድስ

medicijn

ሕክምና

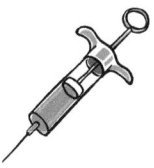

vaccinatie

ክታበ

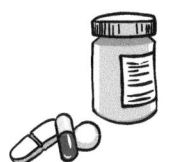

tabletten

ከኒና

pil

ከኒና

noodoproep

ህጹጽ ምድዋል

bloeddrukmeter

መዕቀኒ ጸቕጢ ደም

ziek / gezond

ሕሙም / ጥዑይ

noodgeval

ህጹጽ ኩነት

Help!

ሓገዝ

alarm

ኣላርም

overval

ምህጃም

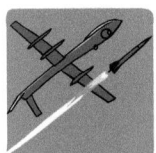

aanval

መጥቃዕቲ

gevaar

ድንገት

nooduitgang

ህጹጽ መውጽኢ

Brand!

ሓዊ!

brandblusser

መጥፍኢ ሓዊ

ongeval

ሓደጋ

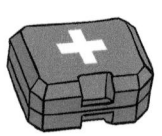

EHBO-kit

ሳንጣ ቀዳማይ ረድኤት

SOS

SOS

politie

ፖሊስ

aarde

ምድሪ

Europa

ኤውሮጳ

Noord-Amerika

ሰሜን ኣመሪካ

Zuid-Amerika

ደቡብ ኣመሪካ

Afrika

ኣፍሪቃ

Azië

ኤስያ

Australië

ኣውስትራልያ

Atlantische Oceaan

ኣትላንቲክ

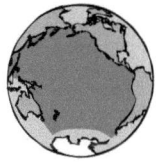

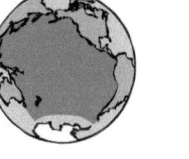

Stille Oceaan

ፓሲፊክ

Indische Oceaan

ህንዳዊ ዉቕያኖስ

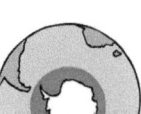

Antarctische Oceaan

ኣንታርቲካዊ ዉቕያኖስ

Arctische Oceaan

ኣርክቲካዊ ዉቕያኖስ

Noordpool

ሰሜናዊ ዋልታ

Zuidpool

ደቡባዊ ዋልታ

Antarctica

ኣንታርቲካ

aarde

ምድሪ

land

መሬት

zee

ባሕሪ

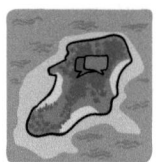

eiland

ደሴት

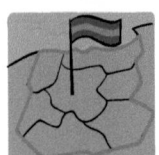

natie

ሃገር

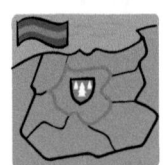

staat

ዓዲ

klok

ሰዓት

wijzerplaat

ገጽ ሰዓት

uurwijzer

ኣመልካቲ ሰዓታት

minuutwijzer

ኣመልካቲ ደቓይቕ

secondewijzer

ኣመልካቲ ካልኢት

Hoe laat is het?

ሰዓት ክንደይ ኣሎ?

dag

መዓልቲ

tijd

ግዜ

nu

ሕጂ

digitale horloge

ዲጂታል ሰዓት

minuut

ደቒቕ

uur

ሰዓት

week

ሰሙን

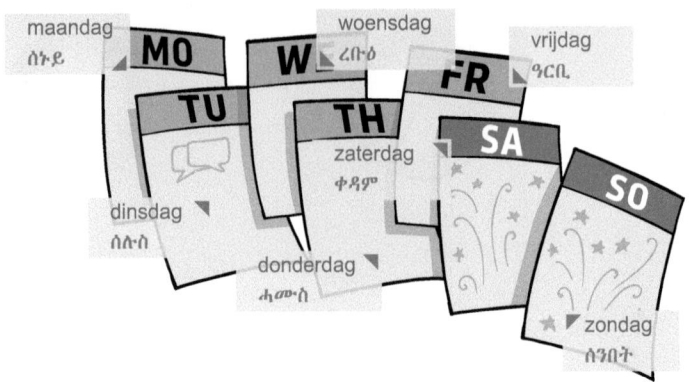

maandag
ሰኑይ

woensdag
ረቡዕ

vrijdag
ዓርቢ

dinsdag
ሰሉስ

zaterdag
ቀዳም

donderdag
ሓሙስ

zondag
ሰንበት

gisteren

ትማሊ

vandaag

ሎሚ

morgen

ጽባሕ

ochtend

ንጎሆ

middag

ቀትሪ

avond

ምሸት

werkdagen

መዓልታት ስራሕ

weekend

መወዳእታ ሰሙን

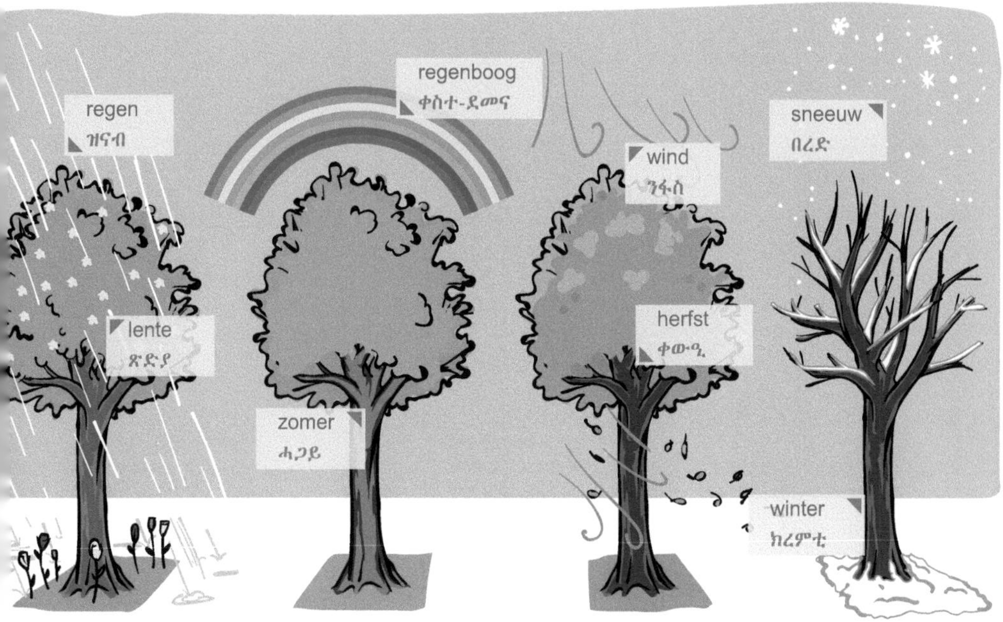

regen
ዝናብ
regenboog
ቀስተ-ደመና
sneeuw
በረድ
wind
ንፋስ
lente
herfst
ቀውዒ
zomer
ሓጋይ
winter
ክረምቲ

4.APRIL 11°
5.APRIL 4°
6.APRIL 13°
7.APRIL 8°
8.APRIL 10°

weervoorspelling
....
ትንቢት ኩነታት ኣየር

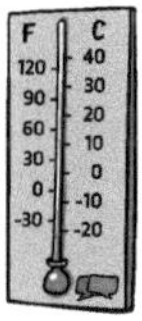

thermometer
....
ቴርሞመተር

zonneschijn
....
ብርሃን ጸሓይ

wolk
....
ደበና

mist
....
ግመ

vochtigheid
....
ጠሊ

bliksem

ብርቂ

donder

ነጐዳ

storm

ህቦብላ

hagel

በረድ

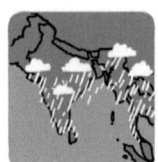

moesson

ብርቱዕ ህቦብላ

overstroming

ውሕጅ

ijs

በረድ

januari

ጥሪ

februari

ለካቲት

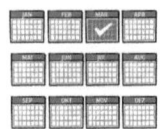

maart

መጋቢት

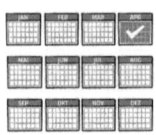

april

ሚያዝያ

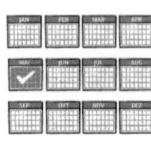

mei

ጉንበት

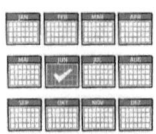

juni

ሰነ

juli

ሓምለ

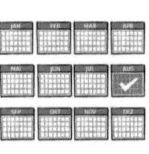

augustus

ነሓሰ

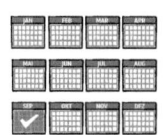

september

መስከረም

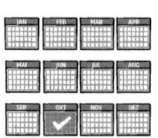

oktober

ጥቅምቲ

november

ሕዳር

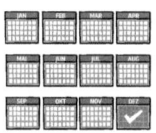

december

ታሕሳስ

vormen
ቅርጽታት

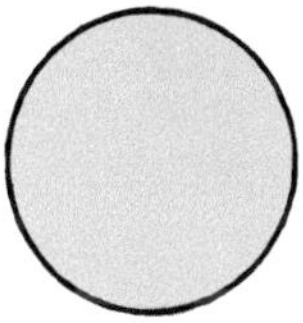

cirkel

ዙርያ

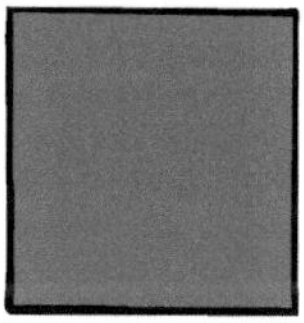

kwadraat

ትርብዒት

rechthoek

ቅኑዕ ርቡዕ ኵርናዕ

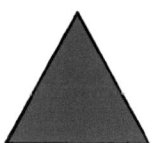

driehoek

ስሉስ ኩርናዕ

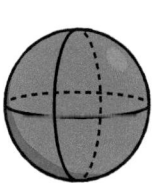

bol

ክቢ

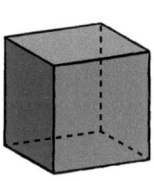

kubus

ኩቦ

kleuren

ሕብርታት

wit

ጻዕዳ

geel

ብጫ

oranje

ኣራንሺ

roze

ፒንክ

rood

ቀይሕ

paars

ጁኽ

blauw

ሰማያዊ

groen

ቀጠልያ

bruin

ቡናዊ

grijs

ሓሙኽሽታይ

zwart

ጸሊም

tegengestelden

ኣንጻራት

veel / weinig

ብዙሕ / ውሑድ

boos / kalm

ሕሩቕ / ሰላማዊ

mooi / lelijk

ጽቡቕ / ክፉእ

begin / einde

መጀመርያ / መወዳእታ

groot / klein

ዓቢ / ንእሽቶ

licht / donker

ብሩህ / ጸልማት

broer / zus

ሓው / ሓፍቲ

proper / vuil

ጽሩይ / ርሳሕ

volledig / onvolledig

ምሉእ / ዘይምሉእ

dag / nacht

መዓልቲ / ለይቲ

dood / levend

ሙዉት / ህልው

breed / smal

ሰፊሕ / ጸቢብ

eetbaar / oneetbaar

ደስ ዘበል / ደስ ዘይብል

kwaadaardig / vriendelijk

እኩይ / ህያዋይ

opgewonden / verveeld

ርቡጽ / ስልኩይ

dik / dun

ረጊድ / ቀጢን

eerst / laatst

ቀዳማይ / ናይ መወዳእታ

vriend / vijand

ዓርኪ / ጸላኢ

vol / leeg

ምሉእ / ባዶ

hard / zacht

ተሪር / ልስሉስ

zwaar / licht

ከቢድ / ፈኲስ

honger / dorst

ጥምየት / ጽምየት

ziek / gezond

ሕሙም / ጥዑይ

illegaal / legaal

ዘይሕጋዊ / ሕጋዊ

intelligent / dom

መስተውዓሊ / ስዲ

links / rechts

ጸጋም / የማን

dichtbij / veraf

ቐረባ / ርሑቕ

nieuw / gebruikt

....

ሓዲሽ / ብሉይ

niets / iets

....

ዋላ ሓደ / ገለ

oud / jong

....

ዓቢ/አረጊት / መንእሰይ

aan / uit

....

ወልዕ / አጥፍእ

open / dicht

....

ክፉት / ዕጹው

stil / luid

....

ህዱእ / ዓው

rijk / arm

....

ሃብታም / ድኻ

juist / fout

....

ቅኑዕ / ግጉይ

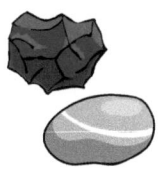

ruw / glad

....

ሓርፋፍ / ልሙጽ

droevig / blij

....

ጉሁይ / ሕጉስ

kort / lang

....

ሓጺር / ነዊሕ

traag / snel

....

ቀስ / ቅልጡፍ

nat / droog

....

ጥሉል / ንቑጽ

warm / koud

....

ምዉቕ / ዝሑል

oorlog / vrede

....

ውግእ / ሰላም

cijfers

ቁጽርታት

0	1	2
nul ዜሮ	één ሓደ	twee ክልተ
3	4	5
drie ሰለስተ	vier ኣርባዕተ	vijf ሓሙሽተ
6	7	8
zes ሽዱሽተ	zeven ሸውዓተ	acht ሸሞንተ
9	10	11
negen ትሽዓተ	tien ዓሰርተ	elf ዓሰርተ ሓደ

12	13	14
twaalf	dertien	veertien
ዓሰርተ ክልተ	ዓሰርተ ሰለስተ	ዓሰርተ ኣርባዕተ
15	16	17
vijftien	zestien	zeventien
ዓሰርተ ሓሙሽተ	ዓሰርተ ሽዱሽተ	ዓሰርተ ሸውዓተ
18	19	20
achtien	negentien	twintig
ዓሰርተ ሸሞንተ	ዓሰርተ ትሽዓተ	ዕስራ
100	1.000	1.000.000
honderd	duizend	miljoen
ሚእቲ	ሽሕ	ሚልዮን

Talen

ቋንቋታት

Engels

እንግሊዝኛ

Amerikaans Engels

አመሪካዊ እንግሊዛዊ

Chinees (Mandarijn)

ቻይናዊ ማንዳሪን

Hindi

ሂንዳዊ

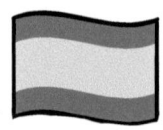

Spaans

እስጳኛዊ

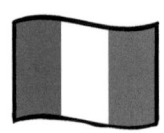

Frans

ፈረንሳዊ

Arabisch

ዓረባዊ

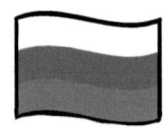

Russisch

ሩሲያዊ

Portugees

ፖርቱጋላዊ

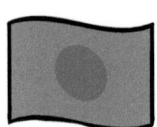

Bengali

በንጋሊ

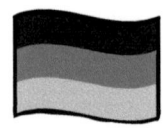

Duits

ጀርመናዊ

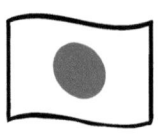

Japans

ጃፓናዊ

wie / wat / hoe

መን / እንታይ / ከመይ

ik

ኣነ

u

ንስኻ/ኺ

hij / zij / het

ንሱ / ንሳ / ንሱ

wij

ንሕና

u

ንስኻ

ze

ንሳቶም

wie?

መን?

wat?

እንታይ?

hoe?

ከመይ?

waar?

ኣበይ?

wanneer?

መዓስ?

naam

ሽም

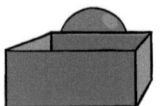

waar

ኣበይ

achter

ድሕሪ

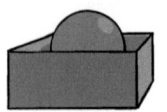

in

ኣብ

voor

ኣብ ቅድሚ

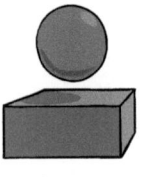

boven

ኣብ ላዕሊ

op

ኣብ ልዕሊ

onder

ትሕቲ ምድሪ

naast

ኣብ ጥቓ

tussen

ኣብ መንጎ

plaats

ቦታ